TRANZLATY
Sprache ist für alle da
اللغة للجميع

Die Schöne und das Biest

الجمال والوحش

Gabrielle-Suzanne Barbot de Villeneuve

Deutsch / العربية

Copyright © 2025 Tranzlaty
All rights reserved
Published by Tranzlaty
ISBN: 978-1-80572-001-0
Original text by Gabrielle-Suzanne Barbot de Villeneuve
La Belle et la Bête
First published in French in 1740
Taken from The Blue Fairy Book (Andrew Lang)
Illustration by Walter Crane
www.tranzlaty.com

Es war einmal ein reicher Kaufmann
كان هناك ذات يوم تاجر ثري
dieser reiche Kaufmann hatte sechs Kinder
كان لهذا التاجر الغني ستة أطفال
Er hatte drei Söhne und drei Töchter
كان لديه ثلاثة أبناء وثلاث بنات
Er hat keine Kosten für ihre Ausbildung gescheut
لم يدخر أي جهد في سبيل تعليمهم
weil er ein vernünftiger Mann war
لأنه كان رجلاً عاقلاً
aber er gab seinen Kindern viele Diener
ولكنه أعطى أولاده العديد من الخدم
seine Töchter waren überaus hübsch
كانت بناته جميلات للغاية
und seine jüngste Tochter war besonders hübsch
وكانت ابنته الصغرى جميلة بشكل خاص
Schon als Kind wurde ihre Schönheit bewundert
عندما كانت طفلة كان جمالها محل إعجاب بالفعل
und die Leute nannten sie nach ihrer Schönheit
وكان الناس يسمونها بجمالها
Ihre Schönheit verblasste nicht, als sie älter wurde
لم يذبل جمالها مع تقدمها في السن
Deshalb nannten die Leute sie weiterhin wegen ihrer Schönheit
فكان الناس ينادونها بجمالها
das machte ihre Schwestern sehr eifersüchtig
وهذا جعل أخواتها يشعرن بالغيرة الشديدة
Die beiden ältesten Töchter waren sehr stolz
كانت ابنتي الأكبر سناً تتمتعان بقدر كبير من الفخر
Ihr Reichtum war die Quelle ihres Stolzes
ثروتهم كانت مصدر فخرهم
und sie verbargen ihren Stolz nicht
ولم يخفوا كبريائهم أيضًا
Sie besuchten nicht die Töchter anderer Kaufleute
ولم يزوروا بنات التجار الآخرين
weil sie nur mit Aristokraten zusammentreffen

لأنهم لا يلتقون إلا بالأرستقراطية
Sie gingen jeden Tag zu Partys
كانوا يخرجون كل يوم إلى الحفلات
Bälle, Theaterstücke, Konzerte usw.
الكرات والمسرحيات والحفلات الموسيقية وما إلى ذلك
und sie lachten über ihre jüngste Schwester
وضحكوا على أختهم الصغرى
weil sie die meiste Zeit mit Lesen verbrachte
لأنها قضت معظم وقتها في القراءة
Es war allgemein bekannt, dass sie reich waren
وكان معروفا أنهم أثرياء
so hielten mehrere bedeutende Kaufleute um ihre Hand an
لذلك تقدم العديد من التجار البارزين بطلباتهم
aber sie sagten, sie würden nicht heiraten
لكنهم قالوا أنهم لن يتزوجوا
aber sie waren bereit, einige Ausnahmen zu machen
لكنهم كانوا مستعدين لعمل بعض الاستثناءات
„Vielleicht könnte ich einen Herzog heiraten"
"ربما أستطيع الزواج من دوق "
„Ich schätze, ich könnte einen Grafen heiraten"
"أعتقد أنني أستطيع الزواج من إيرل "
Schönheit dankte sehr höflich denen, die ihr einen Antrag gemacht hatten
شكرت الجميلة بكل أدب أولئك الذين تقدموا لها
Sie sagte ihnen, sie sei noch zu jung zum Heiraten
قالت لهم أنها مازالت صغيرة على الزواج
Sie wollte noch ein paar Jahre bei ihrem Vater bleiben
أرادت البقاء مع والدها لبضع سنوات أخرى
Auf einmal verlor der Kaufmann sein Vermögen
فجأة خسر التاجر ثروته
er verlor alles außer einem kleinen Landhaus
لقد فقد كل شيء باستثناء منزل ريفي صغير
und er sagte seinen Kindern mit Tränen in den Augen:
وقال لأولاده والدموع في عينيه :
„Wir müssen aufs Land gehen"
"يجب علينا أن نذهب إلى الريف "

„und wir müssen für unseren Lebensunterhalt arbeiten"

"ويجب علينا أن نعمل من أجل معيشتنا "

die beiden ältesten Töchter wollten die Stadt nicht verlassen

لم ترغب الابنتان الأكبران في مغادرة المدينة

Sie hatten mehrere Liebhaber in der Stadt

كان لديهم العديد من العشاق في المدينة

und sie waren sicher, dass einer ihrer Liebhaber sie heiraten würde

وكانوا متأكدين من أن أحد عشاقهم سيتزوجهم

Sie dachten, ihre Liebhaber würden sie heiraten, auch wenn sie kein Vermögen hätten

ظنوا أن عشاقهم سيتزوجون منهم حتى لو لم يكن لديهم ثروة

aber die guten Damen haben sich geirrt

لكن السيدات الطيبات أخطأن

Ihre Liebhaber verließen sie sehr schnell

أحبائهم تخلى عنهم بسرعة كبيرة

weil sie kein Vermögen mehr hatten

لأنهم لم يعد لديهم ثروات

das zeigte, dass sie nicht wirklich beliebt waren

أظهر هذا أنهم لم يكونوا محبوبين في الواقع

alle sagten, sie verdienen kein Mitleid

قال الجميع أنهم لا يستحقون الشفقة

„Wir sind froh, dass ihr Stolz gedemütigt wurde"

"نحن سعداء برؤية كبريائهم متواضعًا "

„Lasst sie stolz darauf sein, Kühe zu melken"

"فليفتخروا بحلب الأبقار "

aber sie waren um Schönheit besorgt

لكنهم كانوا مهتمين بالجمال

sie war so ein süßes Geschöpf

لقد كانت مخلوقة لطيفة للغاية

Sie sprach so freundlich zu armen Leuten

لقد تحدثت بلطف شديد مع الفقراء

und sie war von solch unschuldiger Natur

وكانت ذات طبيعة بريئة

Mehrere Herren hätten sie geheiratet

كان من الممكن أن يتزوجها العديد من السادة

Sie hätten sie geheiratet, obwohl sie arm war
كانوا ليتزوجوها حتى لو كانت فقيرة
aber sie sagte ihnen, sie könne sie nicht heiraten
لكنها أخبرتهم أنها لا تستطيع الزواج منهم
weil sie ihren Vater nicht verlassen wollte
لأنها لن تترك والدها
sie war entschlossen, mit ihm aufs Land zu fahren
كانت عازمة على الذهاب معه إلى الريف
damit sie ihn trösten und ihm helfen konnte
حتى تتمكن من مواساته ومساعدته
Die arme Schönheit war zunächst sehr betrübt
لقد حزنت الجميلة المسكينة كثيرًا في البداية
sie war betrübt über den Verlust ihres Vermögens
لقد حزنت على فقدان ثروتها
„Aber Weinen wird mein Schicksal nicht ändern"
"ولكن البكاء لن يغير من حظي "
„Ich muss versuchen, ohne Reichtum glücklich zu sein"
"يجب أن أحاول أن أجعل نفسي سعيدًا بدون ثروة"
Sie kamen zu ihrem Landhaus
لقد جاءوا إلى منزلهم الريفي
und der Kaufmann und seine drei Söhne widmeten sich der Landwirtschaft
والتاجر وأبناؤه الثلاثة اشتغلوا بالزراعة
Schönheit stand um vier Uhr morgens auf
وردة الجمال في الرابعة صباحا
und sie beeilte sich, das Haus zu putzen
وسارعت لتنظيف البيت
und sie sorgte dafür, dass das Abendessen fertig war
وتأكدت من أن العشاء جاهز
ihr neues Leben fiel ihr zunächst sehr schwer
في البداية وجدت حياتها الجديدة صعبة للغاية
weil sie diese Arbeit nicht gewohnt war
لأنها لم تكن معتادة على مثل هذا العمل
aber in weniger als zwei Monaten wurde sie stärker
لكن في أقل من شهرين أصبحت أقوى
und sie war gesünder als je zuvor

وكانت أكثر صحة من أي وقت مضى

nachdem sie ihre arbeit erledigt hatte, las sie

بعد أن انتهت من عملها قرأت

sie spielte Cembalo

لقد لعبت على القيثارة

oder sie sang, während sie Seide spann

أو غنت وهي تغزل الحرير

im Gegenteil, ihre beiden Schwestern wussten nicht, wie sie ihre Zeit verbringen sollten

على العكس من ذلك، لم تعرف شقيقتاها كيف تقضيان وقتهما

Sie standen um zehn auf und taten den ganzen Tag nichts anderes als herumzufaulenzen

استيقظوا في الساعة العاشرة ولم يفعلوا شيئًا سوى الاسترخاء طوال اليوم

Sie beklagten den Verlust ihrer schönen Kleider

لقد حزنوا على فقدان ملابسهم الجميلة

und sie beklagten sich über den Verlust ihrer Bekannten

واشتكوا من فقدان معارفهم

„Schau dir unsere jüngste Schwester an", sagten sie zueinander

"انظروا إلى أختنا الصغرى "قالوا لبعضهم البعض

„Was für ein armes und dummes Geschöpf sie ist"

"يا لها من مخلوقة فقيرة وغبية "

„Es ist gemein, mit so wenig zufrieden zu sein"

"من السيء أن ترضى بالقليل "

der freundliche Kaufmann war ganz anderer Meinung

كان للتاجر اللطيف رأي مختلف تمامًا

er wusste sehr wohl, dass Schönheit ihre Schwestern übertraf

كان يعلم جيدًا أن الجمال يتفوق على أخواتها

Sie übertraf sie sowohl charakterlich als auch geistig

لقد تفوقت عليهم في الشخصية والعقل

er bewunderte ihre Bescheidenheit und ihre harte Arbeit

لقد أعجب بتواضعها وعملها الجاد

aber am meisten bewunderte er ihre Geduld

لكن أكثر ما أعجبه هو صبرها

Ihre Schwestern überließen ihr die ganze Arbeit

ترکت لها أخواتها كل العمل لتقوم به

und sie beleidigten sie ständig

وأهانوها في كل لحظة

Die Familie hatte etwa ein Jahr lang so gelebt

عاشت العائلة على هذا النحو لمدة عام تقريبًا

dann bekam der Kaufmann einen Brief von einem Buchhalter

ثم حصل التاجر على رسالة من المحاسب

er hatte in ein Schiff investiert

كان لديه استثمار في سفينة

und das Schiff war sicher angekommen

وقد وصلت السفينة بسلامة

diese Nachricht ließ die beiden ältesten Töchter staunen

لقد حرك هذا الخبر رؤوس ابنتيهما الأكبر سنا

Sie hatten sofort die Hoffnung, in die Stadt zurückzukehren

كان لديهم على الفور أمل في العودة إلى المدينة

weil sie des Landlebens überdrüssig waren

لأنهم كانوا متعبين جدًا من الحياة الريفية

Sie gingen zu ihrem Vater, als er ging

ذهبوا إلى أبيهم وهو يغادر

Sie baten ihn, ihnen neue Kleider zu kaufen

توسلوا إليه أن يشتري لهم ملابس جديدة

Kleider, Bänder und allerlei Kleinigkeiten

الفساتين والشرائط وجميع أنواع الأشياء الصغيرة

aber die Schönheit verlangte nichts

لكن الجمال لم يطلب شيئا

weil sie dachte, das Geld würde nicht reichen

لأنها اعتقدت أن المال لن يكون كافيا

es würde nicht reichen, um alles zu kaufen, was ihre Schwestern wollten

لن يكون هناك ما يكفي لشراء كل ما تريده أخواتها

„Was möchtest du, Schönheit?", fragte ihr Vater

"ماذا تريدين يا جميلة؟" سأل والدها

"Danke, Vater, dass du so nett bist, an mich zu denken", sagte sie

"شكرًا لك يا أبي على حسن تفكيرك بي"، قالت

„Vater, sei so freundlich und bring mir eine Rose mit"

"أبي، كن لطيفًا واحضر لي وردة "

„weil hier im Garten keine Rosen wachsen"

"لأن الورود لا تنمو هنا في الحديقة "

„und Rosen sind eine Art Rarität"

"والورود نوع من الندرة "

Schönheit mochte Rosen nicht wirklich

الجمال لم يهتم بالورود حقًا

sie bat nur um etwas, um ihre Schwestern nicht zu verurteilen

لقد طلبت فقط شيئًا لا تدين به أخواتها

aber ihre Schwestern dachten, sie hätte aus anderen Gründen nach Rosen gefragt

لكن أخواتها اعتقدن أنها طلبت الورود لأسباب أخرى

„Sie hat es nur getan, um besonders auszusehen"

"لقد فعلت ذلك فقط لتبدو مميزة "

Der freundliche Mann machte sich auf die Reise

ذهب الرجل الطيب في رحلته

aber als er ankam, stritten sie über die Ware

ولكن عندما وصل تجادلوا حول البضاعة

und nach viel Ärger kam er genauso arm zurück wie zuvor

وبعد الكثير من المتاعب عاد فقيرًا كما كان من قبل

er war nur ein paar Stunden von seinem eigenen Haus entfernt

كان على بعد بضع ساعات من منزله

und er stellte sich schon die Freude vor, seine Kinder zu sehen

وقد تخيل بالفعل فرحة رؤية أطفاله

aber als er durch den Wald ging, verirrte er sich

ولكن عندما مر عبر الغابة فقد ضل طريقه

es hat furchtbar geregnet und geschneit

لقد هطلت الأمطار والثلوج بشدة

der Wind war so stark, dass er ihn vom Pferd warf

كانت الرياح قوية لدرجة أنها ألقته من فوق حصانه

und die Nacht kam schnell

وكان الليل قادمًا بسرعة

er begann zu glauben, er müsse verhungern

بدأ يفكر أنه قد يموت جوعاً

und er dachte, er könnte erfrieren

وظن أنه قد يتجمد حتى الموت

und er dachte, Wölfe könnten ihn fressen

وظن أن الذئاب قد تأكله

die Wölfe, die er um sich herum heulen hörte

الذئاب التي سمعها تعوي من حوله

aber plötzlich sah er ein Licht

ولكن فجأة رأى ضوءًا

er sah das Licht in der Ferne durch die Bäume

لقد رأى الضوء من مسافة بعيدة من خلال الأشجار

als er näher kam, sah er, dass das Licht ein Palast war

عندما اقترب رأى أن الضوء كان قصرًا

der Palast war von oben bis unten beleuchtet

تم إضاءة القصر من الأعلى إلى الأسفل

Der Kaufmann dankte Gott für sein Glück

شكر التاجر الله على حظه

und er eilte zum Palast

وأسرع إلى القصر

aber er war überrascht, keine Leute im Palast zu sehen

ولكنه فوجئ بعدم وجود أي شخص في القصر

der Hof war völlig leer

كانت ساحة المحكمة فارغة تماما

und nirgendwo ein Lebenszeichen

ولم يكن هناك أي علامة على الحياة في أي مكان

sein Pferd folgte ihm in den Palast

وتبعه حصانه إلى القصر

und dann fand sein Pferd großen Stall

ثم وجد حصانه اسطبلًا كبيرًا

das arme Tier war fast verhungert

كان الحيوان المسكين جائعا تقريبا

also ging sein Pferd hinein, um Heu und Hafer zu finden

فذهب حصانه للبحث عن التبن والشوفان

zum Glück fand er reichlich zu essen

لحسن الحظ أنه وجد الكثير ليأكله

und der Kaufmann band sein Pferd an die Krippe
وربط التاجر حصانه في المذود
Als er zum Haus ging, sah er niemanden
كان يمشي نحو المنزل ولم ير أحدا
aber in einer großen Halle fand er ein gutes Feuer
ولكن في قاعة كبيرة وجد نار جيدة
und er fand einen Tisch für eine Person gedeckt
ووجد مائدة معدة لشخص واحد
er war nass vom Regen und Schnee
كان مبللاً من المطر والثلج
Also ging er zum Feuer, um sich abzutrocknen
فذهب إلى النار ليجفف نفسه
„Ich hoffe, der Hausherr entschuldigt mich"
"أتمنى أن يعذرني صاحب البيت "
„Ich schätze, es wird nicht lange dauern, bis jemand auftaucht."
"أعتقد أنه لن يستغرق الأمر وقتًا طويلاً حتى يظهر شخص ما "
Er wartete eine beträchtliche Zeit
لقد انتظر وقتا طويلا
er wartete, bis es elf schlug, und noch immer kam niemand
انتظر حتى دقت الساعة الحادية عشرة، ولم يأت أحد .
Schließlich war er so hungrig, dass er nicht länger warten konnte
في النهاية كان جائعًا جدًا لدرجة أنه لم يعد قادرًا على الانتظار
er nahm ein Hühnchen und aß es in zwei Bissen
أخذ بعض الدجاج وأكله في لقمتين
er zitterte beim Essen
كان يرتجف أثناء تناول الطعام
danach trank er ein paar Gläser Wein
وبعد ذلك شرب بضعة أكواب من النبيذ
Er wurde mutiger und verließ den Saal
أصبح أكثر شجاعة وخرج من القاعة
und er durchquerte mehrere große Hallen
وعبر العديد من القاعات الكبرى
Er ging durch den Palast, bis er in eine Kammer kam
سار في القصر حتى وصل إلى غرفة

eine Kammer, in der sich ein überaus gutes Bett befand

غرفة بها سرير جيد للغاية

er war von der Tortur sehr erschöpft

لقد كان مرهقًا جدًا من محنته

und es war schon nach Mitternacht

وكان الوقت قد تجاوز منتصف الليل بالفعل

also beschloss er, dass es das Beste sei, die Tür zu schließen

لذلك قرر أنه من الأفضل إغلاق الباب

und er beschloss, dass er zu Bett gehen sollte

وقرر أنه يجب أن يذهب إلى السرير

Es war zehn Uhr morgens, als der Kaufmann aufwachte

كانت الساعة العاشرة صباحًا عندما استيقظ التاجر

gerade als er aufstehen wollte, sah er etwas

عندما كان على وشك النهوض رأى شيئًا

er war erstaunt, saubere Kleidung zu sehen

لقد اندهش عندما رأى مجموعة من الملابس النظيفة

an der Stelle, wo er seine schmutzigen Kleider zurückgelassen hatte

في المكان الذي ترك فيه ملابسه المتسخة

"Mit Sicherheit gehört dieser Palast einer netten Fee"

"من المؤكد أن هذا القصر ينتمي إلى نوع من الجنيات"

„eine Fee, die mich gesehen und bemitleidet hat"

"جنية رأتني وأشفقت علي"

er sah durch ein Fenster

لقد نظر من خلال النافذة

aber statt Schnee sah er den herrlichsten Garten

ولكن بدلاً من الثلج رأى الحديقة الأكثر روعة

und im Garten waren die schönsten Rosen

وفي الحديقة كانت أجمل الورود

dann kehrte er in die große Halle zurück

ثم عاد إلى القاعة الكبرى

der Saal, in dem er am Abend zuvor Suppe gegessen hatte

القاعة التي تناول فيها الحساء في الليلة السابقة

und er fand etwas Schokolade auf einem kleinen Tisch

ووجد بعض الشوكولاتة على طاولة صغيرة

„Danke, liebe Frau Fee", sagte er laut

"شكرًا لكِ، سيدتي الجنية الطيبة"، قال بصوتٍ عالٍ
„Danke für Ihre Fürsorge"

"شكرا لك على اهتمامك الكبير "
„Ich bin Ihnen für all Ihre Gefälligkeiten äußerst dankbar"

"أنا ممتن جدًا لك على كل خدماتك "
Der freundliche Mann trank seine Schokolade

الرجل الطيب شرب الشوكولاتة
und dann ging er sein Pferd suchen

ثم ذهب للبحث عن حصانه
aber im Garten erinnerte er sich an die Bitte der Schönheit

ولكن في الحديقة تذكر طلب الجمال
und er schnitt einen Rosenzweig ab

وقطع غصن الورد
sofort hörte er ein lautes Geräusch

فسمع على الفور ضجة عظيمة
und er sah ein furchtbar furchtbares Tier

ورأى وحشًا مخيفًا للغاية
er war so erschrocken, dass er kurz davor war, ohnmächtig zu werden

لقد كان خائفا للغاية لدرجة أنه كان على وشك الإغماء
„Du bist sehr undankbar", sagte das Tier zu ihm

"أنت جاحد جدًا "قال له الوحش
und das Tier sprach mit schrecklicher Stimme

وتكلم الوحش بصوت رهيب
„Ich habe dein Leben gerettet, indem ich dich in mein Schloss gelassen habe"

"لقد أنقذت حياتك بالسماح لك بالدخول إلى قلعتي "
"und dafür stiehlst du mir im Gegenzug meine Rosen?"

"و لهذا تسرق الورود مني في المقابل؟ "
„Die Rosen sind für mich mehr wert als alles andere"

"الورود التي أقدرها أكثر من أي شيء "
„Aber du wirst für das, was du getan hast, sterben"

"ولكنك سوف تموت بسبب ما فعلته "
„Ich gebe Ihnen nur eine Viertelstunde, um sich vorzubereiten"

"أعطيك ربع ساعة فقط لتحضير نفسك "

„Bereiten Sie sich auf den Tod vor und sprechen Sie Ihre Gebete"

"جهز نفسك للموت وقل صلواتك "

der Kaufmann fiel auf die Knie

سقط التاجر على ركبتيه

und er hob beide Hände

ورفع كلتا يديه

„Mein Herr, ich flehe Sie an, mir zu vergeben"

"سيدي أرجوك أن تسامحني "

„Ich hatte nicht die Absicht, Sie zu beleidigen"

"لم يكن لدي أي نية لإهانتك "

„Ich habe für eine meiner Töchter eine Rose gepflückt"

"جمعت وردة لإحدى بناتي "

„Sie bat mich, ihr eine Rose mitzubringen"

"طلبت مني أن أحضر لها وردة "

„Ich bin nicht euer Herr, sondern ein Tier", antwortete das Monster

"أنا لست سيدك، بل أنا وحش"، أجاب الوحش .

„Ich mag keine Komplimente"

"أنا لا أحب المجاملات "

„Ich mag Menschen, die so sprechen, wie sie denken"

"أنا أحب الأشخاص الذين يتحدثون كما يفكرون "

„glauben Sie nicht, dass ich durch Schmeicheleien bewegt werden kann"

"لا أتصور أنني يمكن أن أتأثر بالمجاملة "

„Aber Sie sagen, Sie haben Töchter"

"ولكنك تقول أن لديك بنات "

„Ich werde dir unter einer Bedingung vergeben"

"سأسامحك بشرط واحد "

„Eine deiner Töchter muss freiwillig in meinen Palast kommen"

"يجب على إحدى بناتك أن تأتي إلى قصري طوعًا "

"und sie muss für dich leiden"

"ولابد أن تعاني من أجلك "

„Gib mir Dein Wort"

"دعني أحصل على كلمتك "

„Und dann können Sie Ihren Geschäften nachgehen"

"وبعد ذلك يمكنك أن تذهب إلى عملك "

„Versprich mir das:"

"وعدني بهذا ":

„Wenn Ihre Tochter sich weigert, für Sie zu sterben, müssen Sie innerhalb von drei Monaten zurückkehren"

"إذا رفضت ابنتك أن تموت من أجلك، فيجب عليك العودة خلال ثلاثة أشهر "

der Kaufmann hatte nicht die Absicht, seine Töchter zu opfern

لم يكن لدى التاجر أي نية للتضحية ببناته

aber da ihm Zeit gegeben wurde, wollte er seine Töchter noch einmal sehen

لكن بما أنه حصل على الوقت، أراد أن يرى بناته مرة أخرى

also versprach er, dass er zurückkehren würde

فوعد بأنه سيعود

und das Tier sagte ihm, er könne aufbrechen, wann er wolle

فقال له الوحش أنه يستطيع الانطلاق عندما يشاء

und das Tier erzählte ihm noch etwas

وقال له الوحش شيئا آخر

„Du sollst nicht mit leeren Händen gehen"

"لن تغادر خالي الوفاض "

„Geh zurück in das Zimmer, in dem du lagst"

"ارجع إلى الغرفة التي ترقد فيها "

„Sie werden eine große leere Schatzkiste sehen"

"سوف ترى صندوق كنز كبير فارغ "

„Fülle die Schatzkiste mit allem, was Dir am besten gefällt"

"املأ صندوق الكنز بما تفضله "

„und ich werde die Schatzkiste zu Dir nach Hause schicken"

"وسأرسل صندوق الكنز إلى منزلك "

und gleichzeitig zog sich das Tier zurück

وفي نفس الوقت انسحب الوحش

„Nun", sagte sich der gute Mann

"حسنًا، "قال الرجل الصالح لنفسه

„Wenn ich sterben muss, werde ich meinen Kindern wenigstens etwas hinterlassen"

"إذا كان لا بد لي من الموت، فسوف أترك شيئًا لأطفالي على الأقل "
so kehrte er ins Schlafzimmer zurück
فعاد إلى حجرة النوم
und er fand sehr viele Goldstücke
ووجد قطعًا كثيرة من الذهب
er füllte die Schatzkiste, die das Tier erwähnt hatte
ملأ صندوق الكنز الذي ذكره الوحش
und er holte sein Pferd aus dem Stall
وأخرج حصانه من الإسطبل
die Freude, die er beim Betreten des Palastes empfand, war nun genauso groß wie die Trauer, die er beim Verlassen des Palastes empfand
لقد كانت الفرحة التي شعر بها عند دخول القصر تعادل الحزن الذي شعر به عند مغادرته .
Das Pferd nahm einen der Wege im Wald
أخذ الحصان أحد طرق الغابة
und in wenigen Stunden war der gute Mann zu Hause
وفي غضون ساعات قليلة كان الرجل الصالح في منزله
seine Kinder kamen zu ihm
جاء إليه أولاده
aber anstatt ihre Umarmungen mit Freude entgegenzunehmen, sah er sie an
ولكن بدلاً من أن يستقبلهم بكل سرور، نظر إليهم
er hielt den Ast hoch, den er in den Händen hielt
رفع الفرع الذي كان بين يديه
und dann brach er in Tränen aus
ثم انفجر بالبكاء
„Schönheit", sagte er, „nimm bitte diese Rosen"
"يا جميلة، "قال،" من فضلك خذي هذه الورود "
„Sie können nicht wissen, wie teuer diese Rosen waren"
"لا يمكنك أن تعرف كم كانت تكلفة هذه الورود "
„Diese Rosen haben deinen Vater das Leben gekostet"
"هذه الورود كلفت والدك حياته "
und dann erzählte er von seinem tödlichen Abenteuer
ثم تحدث عن مغامرته المميتة
Sofort schrien die beiden ältesten Schwestern

على الفور صرخت الأختان الأكبر سنا
und sie sagten viele gemeine Dinge zu ihrer schönen Schwester
وقالوا الكثير من الأشياء السيئة لأختهم الجميلة
aber die Schönheit weinte überhaupt nicht
ولكن الجمال لم يبكِ على الإطلاق
„Seht euch den Stolz dieses kleinen Schurken an", sagten sie
"انظروا إلى كبرياء هذا الوغد الصغير "قالوا
„Sie hat nicht nach schönen Kleidern gefragt"
" لم تطلب ملابس جميلة "
„Sie hätte tun sollen, was wir getan haben"
"كان ينبغي لها أن تفعل ما فعلناه "
„Sie wollte sich hervortun"
"أرادت أن تميز نفسها "
„so wird sie nun den Tod unseres Vaters bedeuten"
"لذلك الآن سوف تكون موت والدنا "
„und doch vergießt sie keine Träne"
"ومع ذلك فهي لا تذرف دمعة "
"Warum sollte ich weinen?", antwortete die Schönheit
"لماذا أبكي؟ "أجابت الجميلة
„Weinen wäre völlig unnötig"
"البكاء سيكون بلا داعٍ "
„Mein Vater wird nicht für mich leiden"
"لن يعاني والدي من أجلي "
„Das Monster wird eine seiner Töchter akzeptieren"
"الوحش سوف يقبل بواحدة من بناته "
„Ich werde mich seiner ganzen Wut aussetzen"
"سأقدم نفسي لكل غضبه "
„Ich bin sehr glücklich, denn mein Tod wird das Leben meines Vaters retten"
"أنا سعيد جدًا لأن موتي سينقذ حياة والدي "
„Mein Tod wird ein Beweis meiner Liebe sein"
"موتي سيكون دليلا على حبي "
„Nein, Schwester", sagten ihre drei Brüder
"لا يا أختي "قال إخوتها الثلاثة

„das darf nicht sein"

"هذا لن يكون"

„Wir werden das Monster finden"

"سنذهب للبحث عن الوحش"

"und entweder wir werden ihn töten..."

"وإما أن نقتله"...

„... oder wir werden bei dem Versuch umkommen"

..."أو سنهلك في المحاولة"

„Stellt euch nichts dergleichen vor, meine Söhne", sagte der Kaufmann

"لا تتخيلوا مثل هذا الأمر يا أبنائي" قال التاجر

„Die Kraft des Biests ist so groß, dass ich keine Hoffnung habe, dass Ihr es besiegen könntet."

"قوة الوحش عظيمة لدرجة أنني لا أملك أي أمل في أن تتمكن من التغلب عليه"

„Ich bin entzückt von dem freundlichen und großzügigen Angebot der Schönheit"

"أنا مفتون بالعرض الجميل والكريم"

„aber ich kann ihre Großzügigkeit nicht annehmen"

"لكنني لا أستطيع أن أقبل كرمها"

„Ich bin alt und habe nicht mehr lange zu leben"

"أنا عجوز، وليس لدي وقت طويل للعيش"

„also kann ich nur ein paar Jahre verlieren"

"لذا لا أستطيع أن أخسر سوى بضع سنوات"

„Zeit, die ich für euch bereue, meine lieben Kinder"

"الوقت الذي أندم عليه من أجلكم يا أبنائي الأعزاء"

„Aber Vater", sagte die Schönheit

"ولكن يا أبي" قال الجمال

„Du sollst nicht ohne mich in den Palast gehen"

"لن تذهب إلى القصر بدوني"

„Du kannst mich nicht davon abhalten, dir zu folgen"

"لا يمكنك منعي من متابعتك"

nichts könnte Schönheit vom Gegenteil überzeugen

لا شيء يمكن أن يقنع الجمال بخلاف ذلك

Sie bestand darauf, in den schönen Palast zu gehen

أصرت على الذهاب إلى القصر الجميل

und ihre Schwestern waren erfreut über ihre Beharrlichkeit

وفرح أخواتها بإصرارها

Der Kaufmann war besorgt bei dem Gedanken, seine Tochter zu verlieren

كان التاجر قلقًا من فكرة فقدان ابنته

er war so besorgt, dass er die Truhe voller Gold vergessen hatte

لقد كان قلقًا للغاية لدرجة أنه نسي الصندوق المليء بالذهب

Abends begab er sich zur Ruhe und schloss die Tür seines Zimmers.

وفي الليل ذهب للراحة وأغلق باب غرفته

Dann fand er zu seinem großen Erstaunen den Schatz neben seinem Bett.

ثم، إلى دهشته الكبيرة، وجد الكنز بجانب سريره

er war entschlossen, es seinen Kindern nicht zu erzählen

لقد كان مصمما على عدم إخبار أطفاله

Wenn sie es gewusst hätten, wären sie in die Stadt zurückgekehrt

لو علموا لأرادوا العودة إلى المدينة

und er war entschlossen, das Land nicht zu verlassen

وكان عازما على عدم مغادرة الريف

aber er vertraute der Schönheit das Geheimnis

لكنه وثق بالجمال في السر

Sie teilte ihm mit, dass zwei Herren gekommen seien

فأخبرته أن رجلين قد جاءا

und sie machten ihren Schwestern einen Heiratsantrag

وقدموا لها عروض الزواج من أخواتها

Sie bat ihren Vater, ihrer Heirat zuzustimmen

توسلت إلى والدها أن يوافق على زواجهما

und sie bat ihn, ihnen etwas von seinem Vermögen zu geben

وطلبت منه أن يعطيهم بعضًا من ثروته

sie hatte ihnen bereits vergeben

لقد سامحتهم بالفعل

Die bösen Kreaturen rieben ihre Augen mit Zwiebeln

فركت المخلوقات الشريرة عيونها بالبصل

um beim Abschied von der Schwester ein paar Tränen zu vergießen

لإجبارهم على البكاء عندما انفصلوا عن أختهم

aber ihre Brüder waren wirklich besorgt

لكن إخوتها كانوا قلقين حقًا

Schönheit war die einzige, die keine Tränen vergoss

كان الجمال هو الوحيد الذي لم يذرف أي دموع

sie wollte ihr Unbehagen nicht vergrößern

لم تكن تريد أن تزيد من قلقهم

Das Pferd nahm den direkten Weg zum Palast

اتخذ الحصان الطريق المباشر إلى القصر

und gegen Abend sahen sie den erleuchteten Palast

وفي المساء رأوا القصر المضاء

das Pferd begab sich wieder in den Stall

عاد الحصان إلى الإسطبل مرة أخرى

und der gute Mann und seine Tochter gingen in die große Halle

ودخل الرجل الصالح وابنته إلى القاعة الكبرى

hier fanden sie einen herrlich gedeckten Tisch

هنا وجدوا طاولة تم تقديمها بشكل رائع

der Kaufmann hatte keinen Appetit zu essen

لم يكن لدى التاجر شهية للأكل

aber die Schönheit bemühte sich, fröhlich zu erscheinen

لكن الجمال سعى إلى الظهور بمظهر مبهج

sie setzte sich an den Tisch und half ihrem Vater

جلست على الطاولة وساعدت والدها

aber sie dachte auch bei sich:

لكنها فكرت في نفسها أيضًا :

„Das Biest will mich sicher mästen, bevor es mich frisst"

"إن الوحش يريد بالتأكيد أن يسمنني قبل أن يأكلني "

„deshalb sorgt er für so viel Unterhaltung"

"لهذا السبب فهو يقدم مثل هذا القدر الوفير من الترفيه"

Nachdem sie gegessen hatten, hörten sie ein großes Geräusch

وبعد أن أكلوا سمعوا ضجيجا عظيما

und der Kaufmann verabschiedete sich mit Tränen in den

Augen von seinem unglücklichen Kind
ويودع التاجر ابنه البائس والدموع في عينيه
weil er wusste, dass das Biest kommen würde
لأنه كان يعلم أن الوحش قادم
Die Schönheit war entsetzt über seine schreckliche Gestalt
لقد كان الجمال مرعوبًا من شكله البشع
aber sie nahm ihren Mut zusammen, so gut sie konnte
لكنها استجمعت شجاعتها قدر استطاعتها
und das Monster fragte sie, ob sie freiwillig mitkäme
وسألها الوحش هل جاءت طوعا
"ja, ich bin freiwillig gekommen", sagte sie zitternd
"نعم لقد أتيت طوعا "قالت وهي ترتجف
Das Tier antwortete: „Du bist sehr gut"
فأجابه الوحش" أنت جيد جدًا "
„und ich bin Ihnen zu großem Dank verpflichtet, ehrlicher Mann"
"وأنا ممتن لك كثيرًا أيها الرجل الصادق "
„Geht morgen früh eure Wege"
"اذهب في طريقك غدًا صباحًا "
„aber denk nie daran, wieder hierher zu kommen"
"ولكن لا تفكر في المجيء إلى هنا مرة أخرى "
„Lebe wohl, Schönheit, lebe wohl, Biest", antwortete er
"وداعًا أيها الجمال، وداعًا أيها الوحش"، أجاب
und sofort zog sich das Monster zurück
وعلى الفور انسحب الوحش
"Oh, Tochter", sagte der Kaufmann
"يا ابنتي "قال التاجر
und er umarmte seine Tochter noch einmal
وعانق ابنته مرة أخرى
„Ich habe fast Todesangst"
"أنا خائفة حتى الموت تقريبًا "
„glauben Sie mir, Sie sollten lieber zurückgehen"
صدقني، من الأفضل أن تعود
„Lass mich hier bleiben, statt dir"
"دعني أبقى هنا، بدلاً منك "
„Nein, Vater", sagte die Schönheit entschlossen

"لا يا أبي "قالت الجميلة بنبرة حازمة
„Du sollst morgen früh aufbrechen"
"سوف تنطلق غدًا صباحًا "
„überlasse mich der Obhut und dem Schutz der Vorsehung"
"اتركني لرعاية وحماية العناية الإلهية "
trotzdem gingen sie zu Bett
ومع ذلك ذهبوا إلى السرير
Sie dachten, sie würden die ganze Nacht kein Auge zutun
ظنوا أنهم لن يغلقوا أعينهم طوال الليل
aber als sie sich hinlegten, schliefen sie ein
ولكن عندما استلقوا ناموا
Die Schönheit träumte, eine schöne Dame kam und sagte zu ihr:
حلمت الجميلة أن سيدة جميلة جاءت وقالت لها :
„Ich bin zufrieden, Schönheit, mit deinem guten Willen"
"أنا راضٍ يا جميلتي عن حسن إرادتك "
„Diese gute Tat von Ihnen wird nicht unbelohnt bleiben"
"إن هذا العمل الصالح لن يذهب سدى "
Die Schöne erwachte und erzählte ihrem Vater ihren Traum
استيقظت الجميلة وأخبرت والدها بحلمها
der Traum tröstete ihn ein wenig
لقد ساعده الحلم على التعزية قليلاً
aber er konnte nicht anders, als bitterlich zu weinen, als er ging
ولكنه لم يستطع أن يمنع نفسه من البكاء بمرارة وهو يغادر
Sobald er weg war, setzte sich Schönheit in die große Halle und weinte ebenfalls
بمجرد رحيله، جلست الجميلة في القاعة الكبرى وبكت أيضًا
aber sie beschloss, sich keine Sorgen zu machen
لكنها قررت ألا تشعر بالقلق
Sie beschloss, in der kurzen Zeit, die ihr noch zu leben blieb, stark zu sein
قررت أن تكون قوية في الوقت القليل المتبقي لها من الحياة
weil sie fest davon überzeugt war, dass das Biest sie fressen würde
لأنها كانت تعتقد اعتقادا راسخا أن الوحش سوف يأكلها

Sie dachte jedoch, sie könnte genauso gut den Palast erkunden

ومع ذلك، فقد اعتقدت أنها قد تستكشف القصر أيضًا

und sie wollte das schöne Schloss besichtigen

وأرادت أن ترى القلعة الجميلة

ein Schloss, das sie bewundern musste

قلعة لم تستطع إلا الإعجاب بها

Es war ein wunderbar angenehmer Palast

لقد كان قصرًا جميلًا وممتعًا

und sie war äußerst überrascht, als sie eine Tür sah

وكانت مندهشة للغاية عندما رأت الباب

und über der Tür stand, dass es ihr Zimmer sei

وكان مكتوبا على الباب أنها غرفتها

sie öffnete hastig die Tür

فتحت الباب بسرعة

und sie war ganz geblendet von der Pracht des Raumes

وكانت مبهورة تمامًا بروعة الغرفة

was ihre Aufmerksamkeit vor allem auf sich zog, war eine große Bibliothek

ما لفت انتباهها بشكل رئيسي هو مكتبة كبيرة

ein Cembalo und mehrere Notenbücher

قيثارة والعديد من الكتب الموسيقية

„Nun", sagte sie zu sich selbst

"حسنًا "قالت لنفسها

„Ich sehe, das Biest wird meine Zeit nicht verstreichen lassen"

"أرى أن الوحش لن يترك وقتي معلقًا بثقله "

dann dachte sie über ihre Situation nach

ثم فكرت في نفسها بشأن وضعها

„Wenn ich einen Tag bleiben sollte, wäre das alles nicht hier"

"لو كان من المفترض أن أبقى يومًا واحدًا فلن يكون كل هذا هنا "

diese Überlegung gab ihr neuen Mut

ألهمها هذا الاعتبار بشجاعة جديدة

und sie nahm ein Buch aus ihrer neuen Bibliothek

وأخذت كتابًا من مكتبتها الجديدة

und sie las diese Worte in goldenen Buchstaben:

وقرأت هذه الكلمات بأحرف من ذهب :

„Begrüße Schönheit, vertreibe die Angst"

"مرحبا بالجمال، نفي الخوف "

„Du bist hier Königin und Herrin"

"أنت الملكة والسيده هنا "

„Sprich deine Wünsche aus, sprich deinen Willen aus"

"تحدث عن رغباتك، تحدث عن إرادتك "

„Schneller Gehorsam begegnet hier Ihren Wünschen"

"الطاعة السريعة تلبي رغباتك هنا "

"Ach", sagte sie mit einem Seufzer

"آه، "قالت وهي تتنهد

„Am meisten wünsche ich mir, meinen armen Vater zu sehen"

"أكثر ما أتمنى أن أرى والدي المسكين "

„und ich würde gerne wissen, was er tut"

"وأريد أن أعرف ماذا يفعل "

Kaum hatte sie das gesagt, bemerkte sie den Spiegel

بمجرد أن قالت هذا لاحظت المرآة

zu ihrem großen Erstaunen sah sie ihr eigenes Zuhause im Spiegel

لقد كانت دهشتها عظيمة عندما رأت منزلها في المرآة

Ihr Vater kam emotional erschöpft an

وصل والدها منهكًا عاطفيًا

Ihre Schwestern gingen ihm entgegen

ذهبت أخواتها لمقابلته

trotz ihrer Versuche, traurig zu wirken, war ihre Freude sichtbar

على الرغم من محاولاتهم للظهور بمظهر الحزين، إلا أن فرحتهم كانت واضحة .

einen Moment später war alles verschwunden

وبعد لحظة اختفى كل شيء

und auch die Befürchtungen der Schönheit verschwanden

واختفت مخاوف الجمال أيضًا

denn sie wusste, dass sie dem Tier vertrauen konnte

لأنها كانت تعلم أنها تستطيع أن تثق بالوحش

Mittags fand sie das Abendessen fertig
وفي الظهيرة وجدت العشاء جاهزا

sie setzte sich an den Tisch
جلست على الطاولة

und sie wurde mit einem Musikkonzert unterhalten
واستمتعت بحفل موسيقي

obwohl sie niemanden sehen konnte
على الرغم من أنها لم تستطع رؤية أي شخص

abends setzte sie sich wieder zum Abendessen
وفي الليل جلست لتناول العشاء مرة أخرى

diesmal hörte sie das Geräusch, das das Tier machte
هذه المرة سمعت صوت الوحش

und sie konnte nicht anders, als Angst zu haben
ولم تستطع أن تمنع نفسها من الخوف

"Schönheit", sagte das Monster
"قال الوحش "الجمال

"erlaubst du mir, mit dir zu essen?"
هل تسمح لي بتناول الطعام معك؟

"Mach, was du willst", antwortete die Schönheit zitternd
"افعل ما يحلو لك "أجابت الجميلة وهي ترتجف

„Nein", antwortete das Tier
"لا "أجاب الوحش

„Du allein bist hier die Herrin"
" أنت وحدك السيدة هنا"

„Sie können mich wegschicken, wenn ich Ärger mache"
" يمكنك أن ترسلني بعيدًا إذا كنت مزعجًا"

„schick mich fort, und ich werde mich sofort zurückziehen"
" أرسلني بعيدًا وسوف أنسحب على الفور"

„Aber sagen Sie mir: Finden Sie mich nicht sehr hässlich?"
" ولكن أخبرني، هل لا تعتقد أنني قبيح جدًا؟"

„Das stimmt", sagte die Schönheit
"هذا صحيح "قالت الجميلة

„Ich kann nicht lügen"
" لا أستطيع أن أقول كذبة"

„aber ich glaube, Sie sind sehr gutmütig"
" لكنني أعتقد أنك طيب القلب جدًا"

„Das bin ich tatsächlich", sagte das Monster

"أنا كذلك بالفعل "قال الوحش

„Aber abgesehen von meiner Hässlichkeit habe ich auch keinen Verstand"

"ولكن بصرف النظر عن قبحى، ليس لدي أي إحساس أيضًا "

„Ich weiß sehr wohl, dass ich ein dummes Wesen bin"

"أنا أعلم جيدًا أنني مخلوق سخيف "

„Es ist kein Zeichen von Torheit, so zu denken", antwortete die Schönheit

"ليس من الحماقة أن نفكر بهذه الطريقة "أجابت الجميلة

„Dann iss, Schönheit", sagte das Monster

"كل إذن يا جميلتي "قال الوحش

„Versuchen Sie, sich in Ihrem Palast zu amüsieren"

"حاول أن تسلي نفسك في قصرك "

"alles hier gehört dir"

"كل شيء هنا لك "

„Und ich wäre sehr unruhig, wenn Sie nicht glücklich wären"

"وسأكون قلقًا جدًا إذا لم تكن سعيدًا "

„Sie sind sehr zuvorkommend", antwortete die Schönheit

"أنت متعاون للغاية "أجابت الجميلة

„Ich gebe zu, ich freue mich über Ihre Freundlichkeit"

"أعترف أنني مسرور بلطفك "

„Und wenn ich über deine Freundlichkeit nachdenke, fallen mir deine Missbildungen kaum auf"

"وعندما أفكر في لطفك، بالكاد ألاحظ تشوهاتك "

„Ja, ja", sagte das Tier, „mein Herz ist gut

"نعم، نعم، "قال الوحش،" قلبي طيب

„Aber obwohl ich gut bin, bin ich immer noch ein Monster"

"لكن على الرغم من أنني جيد، إلا أنني لا أزال وحشًا "

„Es gibt viele Männer, die diesen Namen mehr verdienen als Sie."

"هناك العديد من الرجال الذين يستحقون هذا الاسم أكثر منك "

„und ich bevorzuge dich, so wie du bist"

"وأنا أفضلك كما أنت "

„und ich ziehe dich denen vor, die ein undankbares Herz

verbergen"

"وأنا أفضلك على الذين يخفون قلبا لا يشكرون"

"Wenn ich nur etwas Verstand hätte", antwortete das Biest

"لو كان لدي بعض العقل" أجاب الوحش

„Wenn ich vernünftig wäre, würde ich Ihnen als Dank ein schönes Kompliment machen"

"لو كان لدي عقل لأقدم لك مجاملة رائعة لأشكرك"

"aber ich bin so langweilig"

"لكنني ممل جدًّا"

„Ich kann nur sagen, dass ich Ihnen zu großem Dank verpflichtet bin"

"لا أستطيع إلا أن أقول إنني ممتن لك كثيرًا"

Schönheit aß ein herzhaftes Abendessen

تناولت الجميلة عشاءً شهيًّا

und sie hatte ihre Angst vor dem Monster fast überwunden

وكانت قد تغلبت تقريبًا على خوفها من الوحش

aber sie wollte ohnmächtig werden, als das Biest ihr die nächste Frage stellte

لكنها أرادت أن تغمى عليها عندما سألها الوحش السؤال التالي

"Schönheit, willst du meine Frau werden?"

"جميلتي هل تقبلين أن تكوني زوجتي؟"

es dauerte eine Weile, bis sie antworten konnte

استغرق الأمر بعض الوقت قبل أن تتمكن من الإجابة

weil sie Angst hatte, ihn wütend zu machen

لأنها كانت خائفة من إغضابها

Schließlich sagte sie jedoch "nein, Biest"

وفي النهاية قالت" لا يا وحش"

sofort zischte das arme Monster ganz fürchterlich

على الفور أطلق الوحش المسكين هسهسة مخيفة للغاية

und der ganze Palast hallte

والقصر كله يردد

aber die Schönheit erholte sich bald von ihrem Schrecken

لكن الجمال سرعان ما تعافت من خوفها

denn das Tier sprach wieder mit trauriger Stimme

لأن الوحش تحدث مرة أخرى بصوت حزين

„Dann leb wohl, Schönheit"

"ثم وداعا يا جمال "

und er drehte sich nur ab und zu um

ولم يرجع إلا من حين لآخر

um sie anzusehen, als er hinausging

لينظر إليها وهو يخرج

jetzt war die Schönheit wieder allein

الآن أصبح الجمال وحيدا مرة أخرى

Sie empfand großes Mitgefühl

لقد شعرت بقدر كبير من التعاطف

„Ach, es ist tausendmal schade"

"يا للأسف، إنه لأمر مؤسف "

„Etwas, das so gutmütig ist, sollte nicht so hässlich sein"

"أي شيء طيب القلب لا ينبغي أن يكون قبيحًا جدًا "

Schönheit verbrachte drei Monate sehr zufrieden im Palast

قضت الجميلة ثلاثة أشهر سعيدة جدًا في القصر

jeden Abend stattete ihr das Biest einen Besuch ab

كل مساء كان الوحش يزورها

und sie redeten beim Abendessen

وتحدثوا أثناء العشاء

Sie sprachen mit gesundem Menschenverstand

لقد تحدثوا بالفطرة السليمة

aber sie sprachen nicht mit dem, was man als geistreich bezeichnet

لكنهم لم يتحدثوا بما يسميه الناس بالذكاء

Schönheit entdeckte immer einen wertvollen Charakter im Biest

الجمال يكتشف دائمًا بعض السمات القيمة في الوحش

und sie hatte sich an seine Missbildung gewöhnt

وقد اعتادت على تشوهه

sie fürchtete sich nicht mehr vor seinem Besuch

لم تعد تخشى موعد زيارته

jetzt schaute sie oft auf die Uhr

الآن كانت تنظر إلى ساعتها كثيرًا

und sie konnte es kaum erwarten, bis es neun Uhr war

ولم تستطع الانتظار حتى تصبح الساعة التاسعة

denn das Tier kam immer zu dieser Stunde

لأن الوحش لم يتأخر عن المجيء في تلك الساعة

Es gab nur eine Sache, die Schönheit betraf

لم يكن هناك سوى شيء واحد يتعلق بالجمال

jeden Abend, bevor sie ins Bett ging, stellte ihr das Biest die gleiche Frage

كل ليلة قبل أن تذهب إلى السرير كان الوحش يسألها نفس السؤال

Das Monster fragte sie, ob sie seine Frau werden wolle

سألها الوحش هل ستكون زوجته

Eines Tages sagte sie zu ihm: „Biest, du machst mir große Sorgen."

"ذات يوم قالت له" أيها الوحش، أنت تجعلني أشعر بالقلق الشديد

„Ich wünschte, ich könnte einwilligen, dich zu heiraten"

"أتمنى أن أتمكن من الموافقة على الزواج منك"

„Aber ich bin zu aufrichtig, um dir zu glauben zu machen, dass ich dich heiraten würde"

"لكنني صادقة جدًا بحيث لا أستطيع أن أجعلك تصدق أنني سأتزوجك"

„Unsere Ehe wird nie stattfinden"

"زواجنا لن يتم أبدًا"

„Ich werde dich immer als Freund sehen"

"سوف أراك دائمًا كصديق"

„Bitte versuchen Sie, damit zufrieden zu sein"

"من فضلك حاول أن تكون راضيًا بهذا"

„Damit muss ich zufrieden sein", sagte das Tier

"يجب أن أكون راضيًا بهذا "قال الوحش

„Ich kenne mein eigenes Unglück"

"أنا أعرف سوء حظي"

„aber ich liebe dich mit der zärtlichsten Zuneigung"

"لكنني أحبك بأحر المشاعر"

„Ich sollte mich jedoch als glücklich betrachten"

"ومع ذلك، ينبغي لي أن أعتبر نفسي سعيدًا"

"und ich würde mich freuen, wenn du hier bleibst"

"وسأكون سعيدًا لأنك ستبقى هنا"

„versprich mir, mich nie zu verlassen"

"وعدني أن لا تتركني أبدًا"

Schönheit errötete bei diesen Worten

احمر وجه الجمال عند سماع هذه الكلمات

Eines Tages schaute die Schönheit in ihren Spiegel
ذات يوم كانت الجمال تنظر في مرآتها
ihr Vater hatte sich schreckliche Sorgen um sie gemacht
كان والدها قلقًا عليها للغاية
sie sehnte sich mehr denn je danach, ihn wiederzusehen
لقد كانت تتوق لرؤيته مرة أخرى أكثر من أي وقت مضى
„Ich könnte versprechen, dich nie ganz zu verlassen"
"أستطيع أن أعدك بأنني لن أتركك أبدًا "
„aber ich habe so ein großes Verlangen, meinen Vater zu sehen"
"لكن لدي رغبة كبيرة في رؤية والدي "
„Ich wäre unendlich verärgert, wenn Sie nein sagen würden"
"سوف أكون مستاءً للغاية إذا قلت لا "
"Ich würde lieber selbst sterben", sagte das Monster
"أفضل أن أموت بنفسي "قال الوحش
„Ich würde lieber sterben, als dir Unbehagen zu bereiten"
"أفضل أن أموت بدلاً من أن أجعلك تشعر بالقلق "
„Ich werde dich zu deinem Vater schicken"
"سأرسلك إلى أبيك "
„Du sollst bei ihm bleiben"
"سوف تبقى معه "
"und dieses unglückliche Tier wird stattdessen vor Kummer sterben"
"وسيموت هذا الوحش التعيس حزنًا بدلًا من ذلك "
"Nein", sagte die Schönheit weinend
"لا "قالت الجميلة باكية
„Ich liebe dich zu sehr, um die Ursache deines Todes zu sein"
"أنا أحبك كثيرًا لدرجة أنني لا أستطيع أن أكون سبب موتك "
„Ich verspreche Ihnen, in einer Woche wiederzukommen"
"أعدك بالعودة خلال أسبوع "
„Du hast mir gezeigt, dass meine Schwestern verheiratet sind"
"لقد أظهرت لي أن أخواتي متزوجات "
„und meine Brüder sind zur Armee gegangen"

"وأخوتي ذهبوا إلى الجيش "
"Lass mich eine Woche bei meinem Vater bleiben, da er allein ist"
"دعني أبقى مع والدي لمدة أسبوع، فهو وحيد "
"Morgen früh wirst du dort sein", sagte das Tier
"ستكون هناك غدًا في الصباح"، قال الوحش
„Aber denk an dein Versprechen"
"ولكن تذكر وعدك "
„Sie brauchen Ihren Ring nur auf den Tisch zu legen, bevor Sie zu Bett gehen."
"كل ما عليك فعله هو وضع خاتمك على الطاولة قبل الذهاب إلى السرير "
"Und dann werdet ihr vor dem Morgen zurückgebracht"
"ثم ترجعون قبل الصباح "
„Lebe wohl, liebe Schönheit", seufzte das Tier
"وداعًا يا عزيزتي الجميلة "تنهد الوحش
Die Schönheit ging an diesem Abend sehr traurig ins Bett
ذهبت الجميلة إلى السرير حزينة جدًا تلك الليلة
weil sie das Tier nicht so besorgt sehen wollte
لأنها لم ترغب في رؤية الوحش قلقًا للغاية
am nächsten Morgen fand sie sich im Haus ihres Vaters wieder
وفي صباح اليوم التالي وجدت نفسها في منزل والدها
sie läutete eine kleine Glocke neben ihrem Bett
لقد قرعت جرسًا صغيرًا بجانب سريرها
und das Dienstmädchen stieß einen lauten Schrei aus
وأطلقت الخادمة صرخة عالية
und ihr Vater rannte nach oben
وركض والدها إلى الطابق العلوي
er dachte, er würde vor Freude sterben
كان يعتقد أنه سيموت فرحًا
er hielt sie eine Viertelstunde lang in seinen Armen
لقد احتضنها بين ذراعيه لمدة ربع ساعة
irgendwann waren die ersten Grüße vorbei
في النهاية انتهت التحية الأولى
Schönheit begann daran zu denken, aus dem Bett zu steigen
بدأت الجمال تفكر في الخروج من السرير

aber sie merkte, dass sie keine Kleidung mitgebracht hatte

لكنها أدركت أنها لم تحضر أي ملابس

aber das Dienstmädchen sagte ihr, sie habe eine Kiste gefunden

لكن الخادمة قالت لها أنها وجدت صندوقا

der große Koffer war voller Kleider und Kleider

كان الصندوق الكبير مليئا بالفساتين والعباءات

jedes Kleid war mit Gold und Diamanten bedeckt

كان كل ثوب مغطى بالذهب والماس

Schönheit dankte dem Tier für seine freundliche Pflege

شكرت الجميلة الوحش على رعايته الطيبة

und sie nahm eines der schlichtesten Kleider

وأخذت واحدة من أبسط الفساتين

Die anderen Kleider wollte sie ihren Schwestern schenken

كانت تنوي إعطاء الفساتين الأخرى لأخواتها

aber bei diesem Gedanken verschwand die Kleidertruhe

ولكن في تلك اللحظة اختفى صندوق الملابس

Das Biest hatte darauf bestanden, dass die Kleidung nur für sie sei

أصر الوحش على أن الملابس كانت لها فقط

ihr Vater sagte ihr, dass dies der Fall sei

أخبرها والدها أن هذا هو الحال

und sofort kam die Kleidertruhe wieder zurück

وعلى الفور عادت خزانة الملابس مرة أخرى

Schönheit kleidete sich mit ihren neuen Kleidern

ارتدت الجميلة ملابسها الجديدة

und in der Zwischenzeit gingen die Mägde los, um ihre Schwestern zu finden

وفي هذه الأثناء ذهبت الخادمات للبحث عن أخواتها

Ihre beiden Schwestern waren mit ihren Ehemännern

وكانت أختاها مع زوجيهما

aber ihre beiden Schwestern waren sehr unglücklich

لكن أختيها كانتا غير سعيدتين للغاية

Ihre älteste Schwester hatte einen sehr gutaussehenden Herrn geheiratet

تزوجت أختها الكبرى من رجل وسيم للغاية

aber er war so selbstgefällig, dass er seine Frau vernachlässigte

ولكنه كان يحب نفسه كثيرًا لدرجة أنه أهمل زوجته

Ihre zweite Schwester hatte einen geistreichen Mann geheiratet

تزوجت أختها الثانية من رجل ذكي

aber er nutzte seinen Witz, um die Leute zu quälen

ولكنه استخدم ذكائه لتعذيب الناس

und am meisten quälte er seine Frau

وكان يعذب زوجته أكثر من أي شيء آخر

Die Schwestern der Schönheit sahen sie wie eine Prinzessin gekleidet

رأت أخوات الجميلة أنها ترتدي ملابس مثل الأميرة

und sie waren krank vor Neid

فأصابهم الحسد

jetzt war sie schöner als je zuvor

الآن أصبحت أكثر جمالا من أي وقت مضى

ihr liebevolles Verhalten konnte ihre Eifersucht nicht unterdrücken

لم يتمكن سلوكها الحنون من تهدئة غيرتهم

Sie erzählte ihnen, wie glücklich sie mit dem Tier war

قالت لهم كم كانت سعيدة بالوحش

und ihre Eifersucht war kurz vor dem Platzen

وكانت غيرتهم على وشك الانفجار

Sie gingen in den Garten, um über ihr Unglück zu weinen

نزلوا إلى الحديقة يبكون على مصيبتهم

„Inwiefern ist dieses kleine Geschöpf besser als wir?"

"بأي طريقة يكون هذا المخلوق الصغير أفضل منا؟ "

„Warum sollte sie so viel glücklicher sein?"

"لماذا يجب أن تكون أكثر سعادة؟ "

„Schwester", sagte die ältere Schwester

"أختي "قالت الأخت الكبرى

„Mir ist gerade ein Gedanke gekommen"

"فكرة خطرت ببالي للتو "

„Versuchen wir, sie länger als eine Woche hier zu behalten"

"دعونا نحاول إبقاءها هنا لأكثر من أسبوع "

„Vielleicht macht das das dumme Monster wütend"

"ربما هذا سوف يثير غضب الوحش السخيف "

„weil sie ihr Wort gebrochen hätte"

"لأنها كانت ستخالف وعدها "

"und dann könnte er sie verschlingen"

"وبعد ذلك قد يلتهمها "

"Das ist eine tolle Idee", antwortete die andere Schwester

"هذه فكرة رائعة "أجابت الأخت الأخرى

„Wir müssen ihr so viel Freundlichkeit wie möglich entgegenbringen"

"يجب علينا أن نظهر لها أكبر قدر ممكن من اللطف "

Die Schwestern fassten den Entschluss

الأخوات اتخذن هذا القرار

und sie verhielten sich sehr liebevoll gegenüber ihrer Schwester

وكانوا يتصرفون مع أختهم بلطف شديد

Die arme Schönheit weinte vor Freude über all ihre Freundlichkeit

بكت الجميلة الفقيرة من الفرح بسبب كل لطفهم

Als die Woche um war, weinten sie und rauften sich die Haare

عندما انتهى الأسبوع، بكوا ومزقوا شعرهم

es schien ihnen so leid zu tun, sich von ihr zu trennen

لقد بدوا حزينين جدًا لفراقها

und die Schönheit versprach, noch eine Woche länger zu bleiben

ووعد الجمال بالبقاء لمدة أسبوع أطول

In der Zwischenzeit konnte die Schönheit nicht umhin, über sich selbst nachzudenken

في هذه الأثناء، لم تستطع الجمال أن تتوقف عن التفكير في نفسها

sie machte sich Sorgen darüber, was sie dem armen Tier antat

كانت قلقة بشأن ما كانت تفعله للوحش المسكين

Sie wusste, dass sie ihn aufrichtig liebte

إنها تعلم أنها أحبته بصدق

und sie sehnte sich wirklich danach, ihn wiederzusehen

وكانت تتوق حقا لرؤيته مرة أخرى
Auch die zehnte Nacht verbrachte sie bei ihrem Vater
الليلة العاشرة التي قضتها في منزل والدها أيضًا
sie träumte, sie sei im Schlossgarten
حلمت أنها في حديقة القصر
und sie träumte, sie sähe das Tier ausgestreckt im Gras liegen
وحلمت أنها رأت الوحش ممتدا على العشب
er schien ihr mit sterbender Stimme Vorwürfe zu machen
بدا وكأنه يوبخها بصوت يحتضر
und er warf ihr Undankbarkeit vor
واتهمها بالجحود
Schönheit erwachte aus ihrem Schlaf
استيقظت الجميلة من نومها
und sie brach in Tränen aus
وانفجرت في البكاء
„Bin ich nicht sehr böse?"
"هل أنا لست شريرة جدًا؟ "
„War es nicht grausam von mir, so unfreundlich gegenüber dem Tier zu sein?"
"ألم يكن من القسوة من جانبي أن أتصرف بمثل هذه القسوة تجاه الوحش؟ "
„Das Biest hat alles getan, um mir zu gefallen"
"الوحش فعل كل شيء لإرضائي "
"Ist es seine Schuld, dass er so hässlich ist?"
"هل هو خطؤه أنه قبيح جدًا؟ "
„Ist es seine Schuld, dass er so wenig Verstand hat?"
"هل هو خطؤه أنه لديه القليل من الذكاء؟ "
„Er ist freundlich und gut, und das genügt"
"إنه طيب وطيب وهذا يكفي "
„Warum habe ich mich geweigert, ihn zu heiraten?"
لماذا رفضت الزواج منه؟
„Ich sollte mit dem Monster glücklich sein"
"يجب أن أكون سعيدًا بالوحش "
„Schau dir die Männer meiner Schwestern an"
"أنظر إلى أزواج أخواتي "
„Weder Witz noch Schönheit machen sie gut"

"لا الذكاء ولا المظهر الجيد يجعلهم جيدين "
„Keiner ihrer Ehemänner macht sie glücklich"
"لا أحد من أزواجهن يسعدهن "
„sondern Tugend, Sanftmut und Geduld"
"لكن الفضيلة وحسن الخلق والصبر "
„Diese Dinge machen eine Frau glücklich"
"هذه الأشياء تجعل المرأة سعيدة "
„und das Tier hat all diese wertvollen Eigenschaften"
"والوحش لديه كل هذه الصفات القيمة "
„es ist wahr, ich empfinde keine Zärtlichkeit und Zuneigung für ihn"
"هذا صحيح؛ فأنا لا أشعر بحنان المودة تجاهه "
„aber ich empfinde für ihn die allergrößte Dankbarkeit"
"لكنني أجد أنني أشعر بالامتنان الشديد له "
„und ich habe die höchste Wertschätzung für ihn"
"وأنا أقدره تقديرا عاليا "
"und er ist mein bester Freund"
"وهو أفضل صديق لي "
„Ich werde ihn nicht unglücklich machen"
"لن أجعله بائسًا "
„Wenn ich so undankbar wäre, würde ich mir das nie verzeihen"
"لو كنت جاحدًا إلى هذا الحد فلن أسامح نفسي أبدًا "
Schönheit legte ihren Ring auf den Tisch
وضعت الجميلة خاتمها على الطاولة
und sie ging wieder zu Bett
وذهبت إلى السرير مرة أخرى
kaum war sie im Bett, da schlief sie ein
لم تكن في السرير قبل أن تغفو
Sie wachte am nächsten Morgen wieder auf
استيقظت مرة أخرى في الصباح التالي
und sie war überglücklich, sich im Palast des Tieres wiederzufinden
وكانت في غاية السعادة عندما وجدت نفسها في قصر الوحش
Sie zog eines ihrer schönsten Kleider an, um ihm zu gefallen
ارتدت أحد أجمل فساتينها لإرضائه

und sie wartete geduldig auf den Abend

وانتظرت المساء بصبر

kam die ersehnte Stunde

جاءت الساعة المرجوة

die Uhr schlug neun, doch kein Tier erschien

دقت الساعة التاسعة، ولكن لم يظهر أي وحش

Schönheit befürchtete dann, sie sei die Ursache seines Todes gewesen

ثم خافت الجميلة أن تكون سبب وفاته

Sie rannte weinend durch den ganzen Palast

ركضت وهي تبكي في كل أنحاء القصر

nachdem sie ihn überall gesucht hatte, erinnerte sie sich an ihren Traum

بعد أن بحثت عنه في كل مكان، تذكرت حلمها

und sie rannte zum Kanal im Garten

وركضت إلى القناة في الحديقة

Dort fand sie das arme Tier ausgestreckt

هناك وجدت الوحش المسكين ممددًا

und sie war sicher, dass sie ihn getötet hatte

وكانت متأكدة أنها قتلته

sie warf sich ohne Furcht auf ihn

ألقت بنفسها عليه دون أي خوف

sein Herz schlug noch

كان قلبه لا يزال ينبض

sie holte etwas Wasser aus dem Kanal

لقد جلبت بعض الماء من القناة

und sie goss das Wasser über seinen Kopf

وصبّت الماء على رأسه

Das Tier öffnete seine Augen und sprach mit der Schönheit

فتح الوحش عينيه وتحدث إلى الجمال

„Du hast dein Versprechen vergessen"

"لقد نسيت وعدك "

„Es hat mir das Herz gebrochen, dich verloren zu haben"

"لقد كنت حزينًا جدًا لفقدك "

„Ich beschloss, zu hungern"

"لقد قررت أن أجوع نفسي"

„aber ich habe das Glück, Sie wiederzusehen"

"لكنني أشعر بالسعادة لرؤيتك مرة أخرى "

„so habe ich das Vergnügen, zufrieden zu sterben"

"لذلك لدي متعة الموت راضيا "

„Nein, liebes Tier", sagte die Schönheit, „du darfst nicht sterben"

"لا يا عزيزي الوحش"، قالت الجميلة،" لا يجب أن تموت "

„Lebe, um mein Ehemann zu sein"

"أعيش لكي أكون زوجي "

„Von diesem Augenblick an reiche ich dir meine Hand"

"من هذه اللحظة أعطيك يدي "

„und ich schwöre, niemand anderes als Dein zu sein"

"وأنا أقسم أن لا أكون إلا لك "

„Ach! Ich dachte, ich hätte nur Freundschaft für dich."

"آه إكنت أعتقد أن لدي صداقة معك فقط "

"aber der Kummer, den ich jetzt fühle, überzeugt mich;"

"لكن الحزن الذي أشعر به الآن يقنعني"؛

„Ich kann nicht ohne dich leben"

"لا أستطيع العيش بدونك "

Schönheit hatte diese Worte kaum gesagt, als sie ein Licht sah

كانت الجميلة النادره قد قالت هذه الكلمات عندما رأت الضوء

der Palast funkelte im Licht

كان القصر يتلألأ بالضوء

Feuerwerk erleuchtete den Himmel

الألعاب النارية أضاءت السماء

und die Luft erfüllt mit Musik

والهواء مملوء بالموسيقى

alles kündigte ein großes Ereignis an

كل شيء أعطى إشعارًا بحدث عظيم

aber nichts konnte ihre Aufmerksamkeit fesseln

ولكن لا شيء يمكن أن يلفت انتباهها

sie wandte sich ihrem lieben Tier zu

التفتت إلى وحشها العزيز

das Tier, vor dem sie vor Angst zitterte

الوحش الذي ارتجفت خوفا منه

aber ihre Überraschung über das, was sie sah, war groß!

لكن مفاجأتها كانت عظيمة مما رأته !

das Tier war verschwunden

لقد اختفى الوحش

stattdessen sah sie den schönsten Prinzen

بدلا من ذلك رأت الأمير الأجمل

sie hatte den Zauber beendet

لقد وضعت حدا للتعويذة

ein Zauber, unter dem er einem Tier ähnelte

تعويذة كان يشبه فيها الوحش

dieser Prinz war all ihre Aufmerksamkeit wert

كان هذا الأمير يستحق كل اهتمامها

aber sie konnte nicht anders und musste fragen, wo das Biest war

لكنها لم تستطع إلا أن تسأل أين الوحش؟

„Du siehst ihn zu deinen Füßen", sagte der Prinz

"أنت تراه عند قدميك "قال الأمير

„Eine böse Fee hatte mich verdammt"

"لقد أدانتني جنية شريرة "

„Ich sollte diese Gestalt behalten, bis eine wunderschöne Prinzessin einwilligte, mich zu heiraten."

"لقد كان من المفترض أن أظل على هذا الشكل حتى وافقت أميرة جميلة على الزواج مني "

„Die Fee hat mein Verständnis verborgen"

"لقد أخفت الجنية فهمي "

„Du warst der Einzige, der großzügig genug war, um von meiner guten Laune bezaubert zu sein."

"لقد كنت الشخص الوحيد الكريم بما يكفي لكي يسحر بطيبة مزاجي "

Schönheit war angenehm überrascht

لقد تفاجأت الجمال بسعادة

und sie gab dem bezaubernden Prinzen ihre Hand

وأعطت الأمير الساحر يدها

Sie gingen zusammen ins Schloss

لقد ذهبوا معا إلى القلعة

und die Schöne war überglücklich, ihren Vater im Schloss zu finden

وسعدت الجميلة عندما وجدت والدها في القلعة
und ihre ganze Familie war auch da

وكانت عائلتها بأكملها هناك أيضًا
sogar die schöne Dame, die in ihrem Traum erschienen war, war da

حتى السيدة الجميلة التي ظهرت في حلمها كانت هناك
"Schönheit", sagte die Dame aus dem Traum

"الجمال "قالت السيدة من الحلم
„Komm und empfange deine Belohnung"

"تعال واحصل على مكافأتك "
„Sie haben die Tugend dem Witz oder dem Aussehen vorgezogen"

"لقد فضلت الفضيلة على الذكاء أو المظهر "
„und Sie verdienen jemanden, in dem diese Eigenschaften vereint sind"

"وأنت تستحق شخصًا تتحد فيه هذه الصفات "
„Du wirst eine großartige Königin sein"

"سوف تصبحين ملكة عظيمة "
„Ich hoffe, der Thron wird deine Tugend nicht schmälern"

"أرجو أن لا يقلل العرش من فضيلتك "
Dann wandte sich die Fee an die beiden Schwestern

ثم توجهت الجنية نحو الأختين
„Ich habe in eure Herzen geblickt"

"لقد رأيت داخل قلوبكم "
„und ich kenne die ganze Bosheit, die in euren Herzen steckt"

"وأنا أعلم كل الحقد الذي في قلوبكم "
„Ihr beide werdet zu Statuen"

"سوف تصبحان تمثالين "
„Aber ihr werdet euren Verstand bewahren"

"ولكن يجب أن تحافظوا على عقولكم "
„Du sollst vor den Toren des Palastes deiner Schwester stehen"

"ستققين عند أبواب قصر أختك "
„Das Glück deiner Schwester soll deine Strafe sein"

"سعادة أختك ستكون عقابك "

„Sie werden nicht in Ihren früheren Zustand zurückkehren können"

"لن تتمكن من العودة إلى حالتك السابقة "

„es sei denn, Sie beide geben Ihre Fehler zu"

"ما لم يعترف كلاكما بأخطائه "

„Aber ich sehe voraus, dass ihr immer Statuen bleiben werdet"

"لكنني أتوقع أنكم ستبقون تماثيلًا إلى الأبد "

„Stolz, Zorn, Völlerei und Faulheit werden manchmal besiegt"

"الكبرياء والغضب والشراهة والكسل يتم التغلب عليها في بعض الأحيان "

„aber die Bekehrung neidischer und böswilliger Gemüter sind Wunder"

"لكن تحويل العقول الحاسدة والخبيثة هو المعجزات "

sofort strich die Fee mit ihrem Zauberstab

على الفور قامت الجنية بضربه بعصاها

und im nächsten Augenblick waren alle im Saal entrückt

وفي لحظة تم نقل كل من كان في القاعة

Sie waren in die Herrschaftsgebiete des Fürsten eingedrungen

لقد ذهبوا إلى ممتلكات الأمير

die Untertanen des Prinzen empfingen ihn mit Freude

واستقبله رعية الأمير بفرح

der Priester heiratete die Schöne und das Biest

تزوج الكاهن من الجميلة والوحش

und er lebte viele Jahre mit ihr

وعاش معها سنوات طويلة

und ihr Glück war vollkommen

وكانت سعادتهم كاملة

weil ihr Glück auf Tugend beruhte

لأن سعادتهم كانت مبنية على الفضيلة

Das Ende
النهاية

www.tranzlaty.com

www.ingramcontent.com/pod-product-compliance
Lightning Source LLC
Chambersburg PA
CBHW011554070526
44585CB00023B/2597